# LA PERSE

GÉOGRAPHIE PHYSIQUE

POLITIQUE, AGRICOLE, INDUSTRIELLE ET COMMERCIALE

## DE LA PERSE

DE L'AFGHANISTAN ET DU BELOUTCHISTAN

*AVEC DEUX CARTES GRAVÉES SUR PIERRE*

PAR

## V.-A. MALTE-BRUN

Secrétaire général honoraire de la Société de Géographie,
Membre honoraire ou correspondant des Sociétés de Géographie
de Londres, Berlin, Vienne, Russie, New-York, etc.

PRIX : 50 CENTIMES.

PARIS

LIBRAIRIE DE L'ÉCHO DE LA SORBONNE

7, RUE GUÉNÉGAUD, 7

—

1873

# LA PERSE

Cette brochure est tirée de l'ouvrage *l'Asie et l'Afrique*, par M. Malte-Brun, ouvrage qui paraîtra prochainement à la *Librairie de l'Echo de la Sorbonne*, ainsi que *l'Amérique et l'Océanie* du même auteur.

Ces deux volumes, qui seront accompagnés chacun de 21 cartes, compléteront la *Géographie universelle* de la *Bibliothèque de l'Echo de la Sorbonne*, où ont déjà paru *La France depuis le Traité de Francfort*, par M. Ch. Périgot, et *l'Europe depuis le Traité de Francfort*, par M. C. Raffy (voir le catalogue au verso de la couverture).

PARIS. — IMPRIMERIE JULES LE CLERE ET C^ie RUE CASSETTE, 29.

# LA PERSE

GÉOGRAPHIE PHYSIQUE

POLITIQUE, AGRICOLE, INDUSTRIELLE ET COMMERCIALE

## DE LA PERSE

DE L'AFGHANISTAN ET DU BELOUTCHISTAN

*AVEC DEUX CARTES GRAVÉES SUR PIERRE*

PAR

## V.-A. MALTE-BRUN

Secrétaire général honoraire de la Société de Géographie,
Membre honoraire ou correspondant des Sociétés de Géographie
de Londres, Berlin, Vienne, Russie, New-York, etc.

PRIX : **50** CENTIMES.

PARIS
LIBRAIRIE DE *L'ÉCHO DE LA SORBONNE*
7, RUE GUÉNÉGAUD, 7

1873

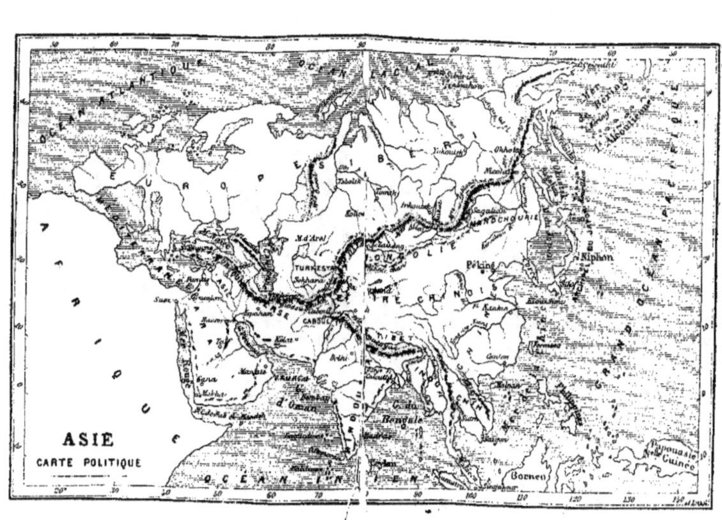

ASIE
CARTE POLITIQUE

# LA PERSE

La *Perse*, appelée aussi *Irân* ou *Schahistan* (*Pays du Schah*, nom que l'on donne au souverain du pays), n'est plus ce qu'elle était, dans l'antiquité, sous ses *Grands Rois*; ni même dans le moyen-âge, sous les *Sophis*. Ses démembrements ont formé : le royaume de Hérat, l'Afghanistan et le Béloutchistan; de nos jours le sort des armes lui a fait abandonner à la Russie la Géorgie et l'Arménie. La Perse ainsi réduite est comprise entre les 41e et 60e degrés de longitude, à l'orient du méridien de Paris, et les 22e et 40e degrés de latitude septentrionale. Ses bornes sont : au nord, la Transcaucasie (Russie), la mer Caspienne et le Turkestan; à l'est, le royaume d'Hérat, l'Afghanistan et le Béloutchistan; au sud, le détroit d'Ormuz et le golfe Persique; et à l'ouest, les provinces ottomanes de l'Irak-Arabi, de l'Al-Djézirèh et du Kourdistan. Sa superficie est évaluée, selon les uns à 1,684,800 kilomètres carrés, selon les autres à 1,678,250 kilomètres carrés; quant à sa population, des géographes l'estiment à 4,500,000 âmes, d'autres à 5,000,000 d'habitants, ce qui ferait à peine 4 habitants par kilomètre carré.

La Perse appartient aux versants de la mer Caspienne et du golfe Persique (mer des Indes), mais ces versants sont de peu d'étendue, et il est plus juste de dire qu'elle forme un vaste plateau, limité du côté de la mer Caspienne par les *montagnes du Ghilan*, les monts *Elbours*, dont le principal est le *Demavend*, 6,559 mètres, etc.; les *montagnes du Khorassan*; à l'est, par les chaînes peu élevées du *Koh-i-Poulong* et du *Koh-i-Bundau*, qui séparent la Perse de l'Hérat et de l'Afghanistan; au sud, par les *montagnes du Kerman*, du *Louristan* et du *Farsistan*; et à l'ouest, par les monts *Puchti*, sur les confins de l'Irak-Arabi, les monts *Dalahn*, *Avroman*, *Kara-Dagh*, les monts *Djudi*, et le *Djelo-Dagh* dépendant de la grande chaîne du *Zagros*. Ces montagnes sont généralement boisées. C'est dans les provinces occidentales de la Perse que l'on rencontre les chaînes de montagnes, mais elles s'étendent sans ordre dans tous les sens, elles sont entassées les unes sur les autres, et jetées comme au hasard; les principales sont : les *monts Kharaghan*, au sud de l'Elbours; le mont *Takhti-Belkisse*, au sud-est du lac Ourmiah, et dont l'altitude est d'environ 3,500 mètres; le *Schend-Dagh*, au sud du Tauris, qui a 3,500 mètres; le *Savalan Dagh*, au nord-est de Tauris, qui n'a pas moins de 4,750 mètres; l'*Avrin-Dagh*, au nord du lac Ourmiah, qui a 3,550 mètres; le *Mansour Dagh*, qui, ainsi que le précédent, est sur les confins du Kourdistan ottoman; au sud d'Hamadan, l'*Elvend* s'élève à 1300 m.;

enfin, quand nous aurons nommé les monts *Séfid* et les monts *Ouchtouran*, nous aurons cité les principales montagnes de la Perse occidentale. Le double sommet de l'*Ararat* et la chaîne dont il dépend, marquent au nord-ouest les limites de la Perse, de la Turquie et de la Russie, mais cette célèbre montagne se trouve sur le territoire de l'Arménie russe.

En ne considérant les montagnes de la Perse qu'isolément, elles sont en général très-peu élevées, car il faut tenir compte de la hauteur moyenne du plateau, 850 à 1200 mètres, sur lequel elles s'élèvent; elles sont pour la plupart couvertes de neige. On pénètre de la mer Caspienne sur le plateau de la Perse par un défilé qui conduit de Balfrouch à Téhéran; on croit y reconnaître les *Portes Caspiennes* (*Caspiæ pylæ*), passage qui, au dire de Pline, était bordé de noirs rochers, d'où ruisselaient des courants d'eau salée.

La partie orientale et centrale de la Perse est couverte par des déserts salins plutôt que sablonneux; le sol est généralement calcaire, ce qui explique sa sécheresse en été, mais aussi en hiver l'eau y séjourne et produit d'immenses marécages impraticables. Le *grand désert salé de Kouvir*, au centre de la Perse, est le plus important, il n'a pas moins de 525 kilomètres de longueur, sur 280 de largeur; il occupe la plus grande partie du Kouzistan. C'est dans ce désert, non loin de Kom, que l'on trouve le *Kouhi-Télism*, c'est-à-dire le mont *Télesme* ou *Enchanté*, d'où nous avons pris le mot *talisman*; ce mont aride et escarpé semble, par suite du phénomène de la réfraction, changer de figure selon les points de vue du spectateur. Le *désert de Kerman*, au sud-est, est moins étendu que le précédent; enfin la partie orientale du Farsistan est également occupée par un désert. Dans ces vastes plaines, l'œil est attristé par l'aspect de la stérilité; on n'aperçoit de loin en loin que des flaques d'eau stagnante et salée, et des broussailles épineuses que les chameaux recherchent avec avidité. Quelquefois le terrible *simoun*, vent du sud-est, soulève des tourbillons de sable et de poussière; malheur alors à la caravane qu'il surprend, il y apporte l'épouvante, la désolation et la mort.

Ces déserts de la Perse, si semblables d'ailleurs à ceux de l'Afrique, nous offrent le même genre de *lacs*, mais moins grands. Celui de *Bakhleghan*, appelé aussi *lac de Maragha*, qui est sans écoulement, et dont les eaux sont salées, quoiqu'il reçoive une infinité de rivières d'eau douce, entre autres le Bend-Emir, paraît avoir 80 kilomètres de longueur, sur une circonférence de 250. Ce n'est, à proprement parler, qu'une lagune, car la profondeur ordinaire de ses eaux n'est que d'environ 6 mètres, on n'y peut naviguer qu'en bateau; il renferme plusieurs îles, dont les plus importantes sont : *Aghadj, Coioun, Echek*, formées d'une roche calcaire, couvertes d'une terre fertile en riches pâturages où l'on fait paître l'hiver de nombreux troupeaux de moutons. Le *Dehrea-Shur*, au sud-ouest du précédent, offre les mêmes caractères. Le *lac d'Ourmia* ou de *Chahi* est beaucoup plus important et mérite véritablement le nom de lac, il n'a pas moins de 250 kilomètres de circonférence, ses eaux sont saumâtres et salées, il ne nourrit aucun poisson ; les montagnes calcaires qui le dominent ont été le berceau de la secte des *Haschischin* ou Assassins.

*Fleuves.* — Les eaux courantes de la Perse suivent les pentes de deux principaux versants : celui de la mer Caspienne, au nord ; et celui du golfe Persique, au sud. A la mer Caspienne appartiennent : l'*Aras*, affluent du Kour, qui sépare la Perse de la Transcaucasie (Russie) ; le *Sefid-Roud*, dans le Ghilan, formé par le *Kizil-Ouzen* et le *Shah-Roud* ; l'*Atrek*, qui arrose, dans le Chorassan, de beaux et vastes pâturages. Au golfe Persique appartiennent : le *Kherkha* ou *Khara-sou*, qui arrose le Kourdistan et le Khouzistan, et vient se jeter dans le Chatt-el-Arab, près de Bassorah, après un cours d'environ 550 kilomètres ; le *Karoun* ou *Kourèn*, qui franchit les monts Bakhtéry, avant de se jeter dans la mer par un delta de quatre bras, il arrose le Lauristan et le Khouzistan, son cours est d'environ 400 kilomètres ; le *Tab* dans le Farsistan, qui a un cours de 600 kilomètres ; le *Chiour* ou *Div-Roud*, qui arrose le Moghistan, il n'a que 250 kilomètres, et vient tomber dans l'*Ab-si* ou la *rivière salée*, 50 kilomètres au-dessus de l'embouchure de celle-ci dans le golfe Persique.

Le plateau central de la Perse est parcouru par quelques rivières qui n'arrivent point à la mer, et qui s'écoulent soit dans les sables, soit dans les lacs. Le *Bend-Emir*, célèbre sous le nom d'*Araxes* par le passage d'Alexandre, prend sa source au mont Zouh-Zerdeh, et va terminer son cours de 400 kilomètres dans le lac Baktheghan ; ses eaux sont rapides, ses rives verdoyantes et ombragées, mais ses inondations sont fréquentes et dangereuses. Le *Zayendeh-Roud* ou *Zendeh-Roud*, qui passe à Ispahan, se perd dans une vallée gypseuse, après un cours de 250 kilomètres. Enfin le *Choura-Roud*, qui passe à Nichabour, se perd, dit-on, aussi dans les sables.

Le *climat* de la Perse est généralement sec, souvent malsain et sujet à de brusques variations. On doit y distinguer trois climats principaux. Les côtes de la mer Caspienne, d'autant plus basses que le niveau de cette mer elle-même est plus bas que celui de l'Océan, éprouvent en été des chaleurs plus fortes et plus durables que celles de certaines parties de l'Hindoustan. L'hiver y est très-doux, grâce aux vents tempérés qui viennent de la mer Caspienne ; mais dans l'une ou l'autre saison il y règne une humidité excessive. Le plateau central offre le second climat ; environnée de montagnes qui, en partie, conservent des neiges éternelles, cette région, depuis Candahar jusqu'à Ispahan, éprouve tour à tour des étés excessivement chauds et des hivers extrêmement rigoureux. Depuis mars jusqu'en mai, les grands vents y sont fréquents ; mais depuis ce moment, jusqu'en septembre, l'air est serein et rafraîchi par la brise de la nuit. Depuis septembre jusqu'en novembre, les vents dominent encore ; l'air y est généralement d'une siccité extrême. Ce climat général souffre des modifications locales ; le Farsistan et surtout la vallée de

Schiraz sont également à l'abri des chaleurs excessives et des froids rigoureux : les montagnes du Kourdistan et de l'Azerbaïdjan doivent à leur élévation et à l'épaisseur de leurs forêts une température plus humide et plus égale.

Tout change de face en descendant du plateau central vers les rivages du golfe Persique. Le vent brûlant du *Samiel* des Turcs, le *Samoun* des Arabes et des Persans, suffoque quelquefois le voyageur imprudent.

*Productions.* — On exploite en Perse du sel gemme, du salpêtre, du soufre, du fer et du cuivre; et l'on y recueille des turquoises et de l'ambre. Les parties fertiles de la Perse sont les provinces voisines de la mer Caspienne : le Ghilan, le Mazendéran et la vallée de Schiraz. Les principales productions sont le blé, le riz, le dourah, les légumes et les fruits d'Europe. On cultive le tabac, le safran, la garance. On recueille de la soie, du chanvre, du lin, de l'opium; l'essence de roses et le vin de Schiraz sont renommés.

Les lions, les léopards, les hyènes, les chacals, les ours sont les animaux redoutés de la Perse, les forêts et les montagnes abondent en gibier, et dans le désert errent des troupes d'ânes sauvages.

La *population* de la Perse, que nous avons évaluée à 4,500,000 habitants et dont 1,200,000 seulement résident dans les villes, se compose de *Tadjicks*, descendants des anciens Mèdes et Perses, de *Kourdes* habitant les montagnes de la Perse occidentale et vivant de la vie pastorale; de *Lèkes*, d'*Arméniens*, de *Juifs*, d'*Ara-*

*bes*, enfin de *Turkomans;* ces derniers forment la race dominante en Perse, ils sont nomades et pasteurs, ils parcourent le pays et le rançonnent souvent; la famille régnante en Perse est elle-même d'origine turkomane.

*Religion.* — Presque tous les habitants de la Perse sont musulmans, surtout de la secte des *schiites* [1]. On compte environ 25 000 nestoriens, 26 000 arméniens, 16 000 juifs, et 7 200 guèbres ou parsis (adorateurs du feu).

*Divisions politiques.* — La Perse est partagée en dix provinces : le *Ghilan*, le *Mazenderan*, le *Dahistan*, sur la mer Caspienne; l'*Aderbeïdjan*, le *Kourdistan*, à l'ouest; l'*Irak-Adjemi*, avec le *Kouhistan occidental*, au centre; le *Khorassan*, avec le *Kouhistan oriental*, à l'est; le *Khouzistan* avec le *Louristan*, le *Farsistan*, le *Kerman*, avec le *Laristan* au sud, sur le golfe Persique.

Les villes principales sont : dans le *Ghilan : Recht*, capitale de la province, ville de 18,000 âmes, au fond d'une baie de la mer Caspienne; son port est à *Endelli*, station des bateaux à vapeur russes; elle fabrique des tapis et des soieries. *Marchag* et *Lahidjan* ont moins d'importance.

Dans le *Mazenderan : Sari*, capitale de la province, est une ville de 15, 000 âmes, importante aujourd'hui

---

[1] On sait que l'*Islamisme* se divise en deux sectes principales : les *Sunnites*, qui admettent la *Sunna* ou tradition reconnue par les premiers khalifes successeurs de Mahomet; et les *Schiites*, ou *sectaires hérétiques*, qui la rejettent.

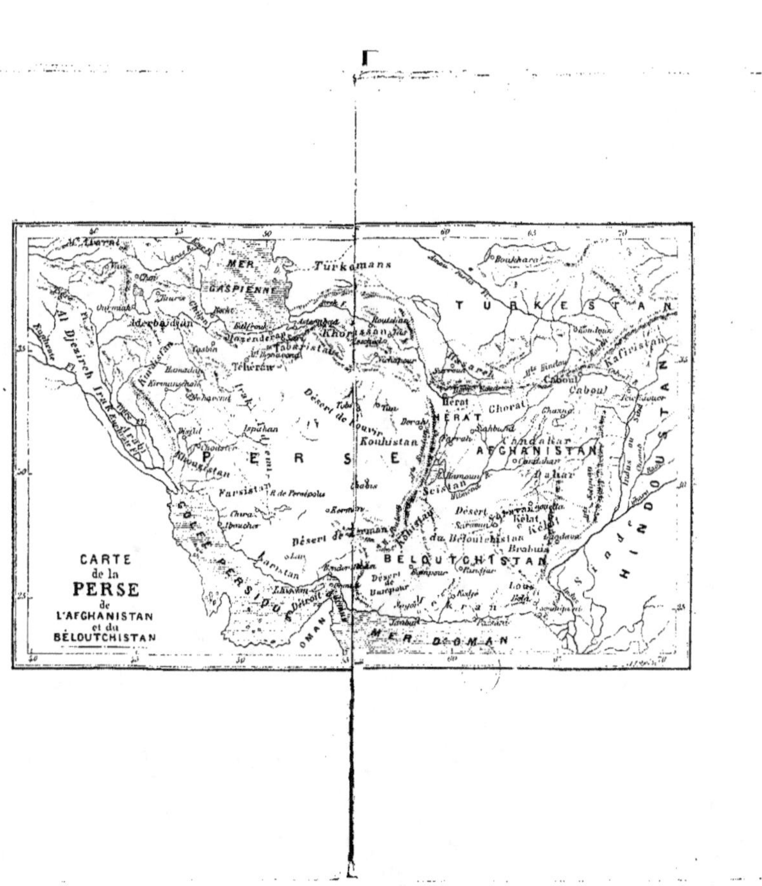

CARTE
de la
PERSE
de
L'AFGHANISTAN
et du
BÉLOUTCHISTAN
MER CASPIENNE
Turkomans
TURKESTAN
Boukhara
Khorassan
Téhéran
Tabaristan
Mazenderan
Iderbaidjan
Al Djezireh
Irak Arabi
Khousistan
Farsistan
PERSE
Ispahan
Yezd
Kerman
Désert de Louvir
Koulistan
HÉRAT
Hérat
Chorat
Cabou
AFGHANISTAN
Candahar
Seistan
Désert
du Béloutchistan
Kélat
Brahui
BÉLOUTCHISTAN
Kran
HINDOUSTAN
Kafiristan
MER D'OMAN
GOLFE PERSIQUE
OMAN
Détroit d'Ormuz
Laristan

par son commerce et son industrie ; *Ferahábad*, près de l'embouchure de la petite rivière qui arrose Sari et lui sert de port ; *Balfrouch*, avec un port très-fréquenté sur la mer Caspienne, est l'entrepôt du commerce de la Perse avec la Russie, sa population est de 10,000 âmes ; *Amol*, au pied du Demavend, petite ville de 8,000 habitants.

Dans le *Dahistan : Asterabad*, capitale de la province, près de la baie qui porte son nom, est une ville commerçante et manufacturière, elle a 18,000 âmes ; *Senghir*, petit port sur cette baie, et *Kourd-Magale*, près de la mer.

Dans l'*Aderbeïdjan* ou *Arménie persane*, dont le nom signifie *terre de feu*, et qui en effet renferme de nombreux volcans éteints : *Tauris* ou *Tebriz*, grande et importante ville de 110,000 habitants, capitale de la province : elle reçoit par le port de Trébizonde, et ensuite par caravanes, toutes les marchandises de l'Europe, et elle exporte les produits de la Perse : du coton, des soieries, des tapis, du tabac, du café, des fruits secs, etc.; elle est fortifiée ; *Khoï* (20,000 habitants) et *Ardebil* (10,000 habitants) sont des places fortes qui, avec les forts de *Maranda* et d'*Ahar*, sont destinées à protéger la frontière de la Perse du côté de la Transcaucasie (Russie). Ardebil est de plus l'entrepôt des caravanes entre la Perse et la Géorgie ; *Ourmiah*, près du lac auquel elle donne son nom, est une ville manufacturière, elle a 30,000 habitants ; *Oujnej*, *Maragha* et *Sauk-Boulak*, sont moins importantes ; à *Takhti-Soleiman*, dans le sud de la province, on voit des ruines importantes.

Dans le *Kourdistan : Kirmanchah*, capitale du Kourdistan persan, est une ville de 30,000 âmes, où l'on fabrique des tapis et des armes blanches; *Bisohtoun*, à l'est de la précédente, et sur le Kerkhah, est une petite ville célèbre par les inscriptions cunéiformes que l'on a trouvées dans son voisinage; *Sohab* a quelque industrie; *Sennèh* ou *Sina*, ville de 20,000 âmes, est le chef-lieu du canton d'Ardélan, situé au nord de la province, et dont il est séparé par les monts Zagros.

Cette province est habitée par les Kourdes, qui dans leurs montagnes sont plutôt vassaux que sujets du schah.

Dans l'*Irak-Adjémi*, c'est-à-dire la *Babylonie persane : Téhéran*, capitale de la Perse, et en même temps de la province, grande ville de 85,000 âmes, est la résidence ordinaire du schah; on y fabrique de la porcelaine, des tapis, des soieries, des armes blanches, etc., etc. Dans ses environs est le gros village de *Schah-Abdoulazin*, bâti sur les ruines de *Rei*, la *Rhagès* de la Bible; *Ispahan*, l'ancienne capitale de la Perse, sur le Zendeh-Roud, n'a pas plus de 60,000 âmes; elle est encore industrieuse et commerçante; on y fabrique de la vaisselle de cuivre, des armes, des étoffes de coton, de la poterie et des cartonnages estimés; *Hamadan*, l'ancienne *Ecbatane*, ville de 30,000 âmes, fabrique des poteries, des instruments aratoires, possède des tanneries, et l'on y prépare des maroquins; *Casbin* ou *Cazvin*, ville de 25,000 habitants, est très-commerçante, on y fabrique des armes blanches et de la vaisselle de cuivre, elle est sur la route des caravanes de Tauris à Téhéran; *Kaschan*, ville industrieuse et commerçante de 10,000 âmes, fabrique des soieries, des cotonnades et de la vaisselle de cuivre.

La partie occidentale du *Kouhistan*, dont le nom signifie *haut pays*, dépend aujourd'hui de cette province, elle se compose de la plus grande partie du grand désert de Kouvir, on y rencontre de rares oasis : *Naijin, Agdeh, Résob, Tabbès*, mais la plus importante est celle de *Yèzd*. Dans le *Khorassan : Mesched*, sur le Tedjen, ville de 70,000 âmes, capitale de la province, renommée par ses soieries, ses lainages et ses cotonnades; le célèbre tombeau de l'Iman-Aly, le patron de la Perse, y attire, chaque année, un grand concours de pèlerins. *Nishapour* fut la capitale de la Perse sous les Seldjoucides, ce n'est plus qu'une petite ville de 8,000 âmes; *Kutjhan*, ou *Kouchan*, sur un affluent de l'Atrek, rivière qui sépare le Khorassan persan du Khanat de Khiva, fait un certain commerce, et fabrique des armes blanches, sa population est de 10,000 âmes. Quelques colonies de *Kourdes* ont été établies dans ce pays, sur la frontière de Khiva.

La partie orientale du *Kouhistan* est rattachée à cette province; au milieu des plaines arides et désertes qui la composent nous citerons les petites villes de : *Birdjan, Kaïn, Neh* et *Gourdan-Shutour*.

Dans le *Khouzistan : Dizfoul*, sur la rivière du même nom, affluent du Kouren, est aujourd'hui la capitale de la province, elle a 15,000 habitants. Dans ses environs on visite les ruines de *Suse; Chouster* est une ville commerçante de 25,000 âmes; *Mokamerah*, sur le Chatt-el-Arab, fait beaucoup de commerce et a pris de l'importance depuis que des lignes régulières de paquebots remontent l'Euphrate. Le canton montagneux du *Louristan* dépend de cette province.

Dans le *Farsistan : Schiraz*, capitale de la province, a 25,000 habitants; c'était autrefois l'Athènes persane; on y fabrique aujourd'hui de l'essence de roses, des soieries, des cotonnades, des armes et de la bijouterie; le vin de ses environs est renommé; c'est à *Istakhar*, au nord-est de Schiraz, que se trouvent les ruines de *Persépolis*, l'ancienne capitale de l'Empire de Darius; *Firouzábad* est renommée par son essence de roses; *Bouchir* ou *Abou-Cheher* est le principal entrepôt de la Perse sur le golfe Persique, elle a 18,000 âmes; son port a pris beaucoup d'importance.

Dans le *Kerman*, auquel on réunit le *Moghistan* (le *Pays des dattes*) et le *Laristan : Kerman* ou *Kirman*, capitale de la province, est une ville industrieuse et commerçante de 30,000 âmes; on y fabrique principalement des châles et des tapis; *Krouk* et *Regan* sont moins importantes. La partie orientale de cette province est occupée par le désert qui porte son nom; on y voit l'oasis de *Chebis* ou *Choubis*.

Dans le *Laristan*, nous citerons *Lar*, sa ville principale.

Le *Moghistan* appartient à l'Imam de Maskate, sous la suzeraineté de la Perse; c'est une province maritime qui borde le détroit d'Ormuz; ses villes principales sont : *Bender-Abbas* ou *Goumroun*, *Minab*, *Linga*, *Kammir* et *Serik*. La petite île d'*Ormuz*, et l'île plus importante de *Kischm*, dépendent du Moghistan.

*Gouvernement. — Revenus. — Armée. — Commerce.*

La Perse forme une monarchie absolue, héréditaire. Les revenus, en numéraire et en nature, sont évalués 54 millions de francs, et l'armée à 150,000 hommes dont 80,000 organisés à l'européenne. L'importation totale est d'environ 64 000 000 de francs, et l'exportation, dont de principal article est la soie, est évaluée à 37 500 000 francs.

Les Persans présentent un des types les plus purs de la race caucasique ; ils sont spirituels, doux, affables, polis, mais portés à l'exagération et à la tromperie. Ils ont du goût pour les lettres, et cultivent la poésie ; habiles et industrieux, ils pratiquent le culte du beau.

## AFGHANISTAN.

L'*Afghanistan* est borné : au nord, par le Turkestan indépendant ; à l'est, par l'Hindoustan, dont il est séparé par les monts Soliman ; au sud, par les déserts du Béloutchistan ; et à l'ouest par les provinces persanes du Khorassan et du Kerman. Il est compris entre les 55ᵉ et 68ᵉ degrés de longitude orientale du méridien de Paris, et les 28ᵉ et 36ᵉ degrés de latitude. Sa superficie est de 470,000 kilomètres carrés, et sa population est de 7 millions d'habitants. C'est un pays montagneux, au nord et au nord-est où il est couvert par les ramifications de l'*Hindou-Kousch*, tandis qu'il s'abaisse vers le sud-ouest et se convertit en désert au sud.

Il est arrosé par l'*Hilmend*, grossi par l'*Argandab*, qui se jette dans le lac *Hamoun*; par l'*Héri-Roud*, affluent du Tedjem; par le *Murghab*, qui, comme les précédents, coule vers l'ouest; et par la Rivière de *Caboul*, le *Candahar* et le *Kurrum*, affluents de droite de l'Indus.

Les caractères physiques généraux de ce pays sont les mêmes que ceux de la Perse. Il forme deux royaumes : le *Royaume d'Hérat* au nord-ouest, et le *Royaume de Caboul*, à l'est.

I

### ROYAUME D'HÉRAT.

Le *Royaume d'Hérat*, démembrement de celui de Caboul, est compris entre le Turkestan au nord, la Perse à l'ouest, le Caboul à l'est et au sud. Sa superficie est d'environ 170,000 kilomètres carrés, et sa population de 1,500,000 habitants. Il comprend la partie orientale du Khorassan, et se compose de deux provinces : la province d'Hérat et celle de Siahband. Sa capitale est *Hérat*, ville de 50,000 âmes, sur le Héri-Roud ; elle fait un grand commerce avec la Perse, la Boukharie et l'Inde, on y fabrique des tapis, des soieries, des cotonnades et des armes blanches. Les autres villes sont : *Farrah*, petite ville commerçante; *Siahband*, chef-lieu de province; *Obe*, *Zerni* et *Sebzar*.

## II

### ROYAUME DE CABOUL.

Le *Royaume de Caboul*, situé à l'est de celui de Hérat, est plus important que celui-ci, et comprend la plus grande partie de l'*Afghanistan*. Sa superficie est de 300,000 kilomètres carrés, et sa population est de 4,500,000. Il est partagé en plusieurs provinces; ses villes principales sont : *Caboul*, ville forte, située sur la rivière qui porte son nom, et qui est un affluent de droite de l'Indus; on y parvient, de Peïchaver dans l'Inde, en traversant le fameux *défilé du Keïber* et celui de *Kurkukte*. Caboul, qui compte environ 60,000 âmes, est l'entrepôt du commerce de l'Inde avec la Perse orientale et le Turkestan indépendant. *Ghaznah* ou *Ghiznih*, située sur un plateau très-élevé, a été la résidence des sultans Ghaznévides; *Djellalabad* est une petite ville forte à l'ouest du défilé de Keïber; *Candahar* est la ville la plus industrieuse et la plus commerçante du royaume, elle est fortifiée, on lui accorde plus de 50,000 âmes; *Barnian* est remarquable par la grandeur des idoles que l'on y voit.

Le *Kafiristan*, au nord, le *Seistan* ou *Séjistan*, au sud-ouest, dépendent du royaume de Caboul.

Les *Afghans* se divisent en nomades qui vivent sous des tentes, et en sédentaires qui habitent les villes et les villages. Ils sont généralement maigres et musculeux, et ont les cheveux et la barbe noirs et quelquefois bruns; leurs femmes sont ordinairement grandes et bien faites. Ils sont braves, fiers et francs, mais vindicatifs et avides; ils respectent les droits de l'hospitalité et sont très-laborieux. Ils sont musulmans, comme les Tartares, leurs conquérants, et appartiennent à la secte des Schiites. Le pain, le lait caillé et l'eau forment la base de leur nourriture. Leur costume se compose d'un haut bonnet de forme conique, d'une veste de laine, d'un haut-de-chausses très-étroit; en hiver ils y ajoutent un manteau de laine.

## BÉLOUTCHISTAN.

Le *Béloutchistan* est situé au sud de l'Afghanistan, il en est séparé par des déserts, et au nord-est par des montagnes; c'est dans ces dernières que se trouve le célèbre *défilé du Bolan*, qui conduit de Candahar à Kélat. A l'est, le Béloutchistan est séparé de l'Hindoustan par les monts *Hala* et *Brahoui*; à l'ouest, il tient à la province persane de Kerman; enfin le golfe d'Oman (océan Indien) baigne ses côtes au sud. Sa superficie est de 350,000 kilomètres carrés, et sa population ne dépasse pas 2,000,000 d'habitants.

Il se compose de plusieurs provinces : le *Saravan*, le *Kélat*, le *Katsch-Gondava*, le *Djalavan*, le *Mékran*, le *Kohistan* et le *Lous*.

Ses villes principales sont : *Kélat*, ville forte, sur un plateau très-élevé ; elle compte environ 15,000 âmes, et est la résidence d'un khan ou sultan, qui prétend commander dans tout le Béloutchistan. *Gandáva*, sur le Kauby, chef-lieu d'un district très-fertile', est, paraît-il, sous le protectorat anglais ; *Kouetta* est une ville forte, importante par le voisinage du défilé de Bolan ; *Bela*, sur le Purally, est la ville importante de la province de Lous ; *Kedjé* est la principale ville du Mékran ; enfin, *Jaubar*, *Humara*, *Gouatter* et *Sonmmijany*, sont des petits ports sur la côte, peu fréquentée, du golfe d'Oman.

Le Béloutchistan est habité par deux peuples : les Béloutchis et les Brahouis.

Les *Béloutchis*, par leur langage, ont beaucoup de rapports avec les Persans. Ils sont grands, bien faits et robustes, adroits dans tous les exercices du corps; ils aiment la chasse et la guerre. Quelques-unes de leurs tribus sont naturellement portées au brigandage.

Les *Brahouis* parlent un dialecte hindou, ils se divisent aussi en tribus, et sont plus adonnés que les Béloutchis à la vie nomade.

Les deux peuples professent l'islamisme, mais ils sont de la secte des Sunnites.

## TABLEAU STATISTIQUE DE LA PERSE.

| Provinces. | Capitales. | Superficie. | Population. |
|---|---|---|---|
| | | kil. car. | |
| Irak-Adjémi. | *Téhéran.* | 24000 | 80000 |
| Tabaristan. | *Demarend.* | 1600 | 100000 |
| Mazendéran. | *Sari.* | 1800 | 300000 |
| Ghilan. | *Recht.* | 110 | 200000 |
| Aderbeïdjan. | *Tauris.* | 7000 | 900000 |
| Kourdistan. | *Kirmanschah.* | 3300 | 300000 |
| Khouzistan. | *Disfoul.* | 7200 | 400000 |
| Farsistan. | *Schiraz.* | 32000 | 800000 |
| Kerman. | *Kerman.* | 17000 | 300000 |
| Kouhistan. | *Chehéristan.* | 6000 | 100000 |
| Khorassan. | *Mesched.* | 15000 | 600000 |
| | | 1160000 | 4500000 |

Revenus : 54,000,000 fr. — Armée 150,000 h.

## TABLEAU STATISTIQUE DE L'AFGHANISTAN.

| | Superficie. | Population. | Capitale. |
|---|---|---|---|
| ROYAUME D'HÉRAT. | 170,000 kil. c. | 1,500,000 | HÉRAT. |

Revenus : 6,000,000. — Armée 10,000 h.

| | Superficie | Population | Capitale. |
|---|---|---|---|
| ROYAUME DE CABOUL. | 300,000 kil. c. | 4,500,000 | CABOUL. |

### PROVINCES ET LEURS CAPITALES.

1. Caboul. — *Caboul.*
2. Laghman. — *Dir.*
3. Ghaznah. — *Ghazrah.*
4. Djellalabad. — *Djellalabad.*
5. Bamian. — *Bamian.*
6. Candahar. — *Candahar.*
7. Farrah. — *Farrah.*
8. Sivi. — *Sivi.*

Revenus : 15,000,000 fr. — Armée : 50,000 h.

## TABLEAU STATISTIQUE DU BÉLOUTCHISTAN.

Superficie. 350,000 kil. car. — Population. 2,000,000 hab.

### PROVINCES ET LEURS CAPITALES.

1. Saravan. — *Kélat.*
2. Katch-Gandâva. — *Gandavâ.*
3. Djalavan. — *Souri.*
4. Lous. — *Bela.*
5. Mékran. — *Kedjé.*
6. Kouhistan. — *Sourhoud.*

Revenus : 4,000,000. — Armée : 4,000 h.

www.ingramcontent.com/pod-product-compliance
Lightning Source LLC
LaVergne TN
LVHW021659170726
843501LV00007B/2646